AF258815

CONSIDÉRATIONS

SUR

M. DE VAUBAN.

CONSIDÉRATIONS

SUR

M. DE VAUBAN,

OU

EXAMEN de la Lettre d'un Académicien de la Rochelle, à MM. de
l'Académie Françoise, à l'occasion
de son Éloge, adressées à l'Auteur
de cette Lettre.

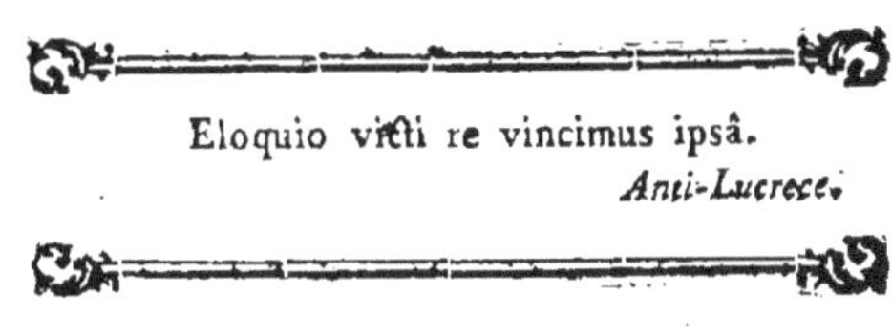

Eloquio victi re vincimus ipsâ.
Anti-Lucrece.

A AMSTERDAM,

Et se trouve à Paris

CHEZ LES MARCHANDS DE NOUVEAUTÉS.

M. D. CC. LXXXXVI.

AVERTISSEMENT.

QUICONQUE a le cœur un peu citoyen, révere & chérit les grands hommes de sa nation, comme s'il étoit de leur famille : j'ai défendu M. de Vauban comme j'aurois défendu mon pere ; voila le sentiment qui m'a conduit dans ce petit Ouvrage, & non point l'envie de me montrer en lice contre un Auteur dont j'estime beaucoup l'esprit ; qui m'est connu par un

ouvrage que je regarde comme l'un
des meilleurs en son genre que le
siecle ait produit.

CONSIDÉRATIONS

SUR

M. DE VAUBAN,

O U

EXAMEN de la Lettre d'un Académicien de la Rochelle, à MM. de l'Académie Françoise, à l'occasion de son Éloge, adressées à l'Auteur de cette Lettre.

DE toutes les propriétés d'une Nation, celle qui lui doit être la plus chere est sans doute la gloire des grands Hommes qu'elle a produits; c'est cette gloire qui, indépendamment des avantages de la nature & de la fortune, lui assigne son rang dans la Hiérarchie politique; de là vient que parmi les Nations de l'antiquité qui ont brillé sur la surface de la terre, la Grece qui fut une des plus bornées par son territoire & sa population, est cependant à la tête de toutes les autres dans les Annales du monde. Elle connut tout le prix de cette fécondité inestimable qui lui fit enfanter tant d'Hommes supérieurs dans tous les genres, car aucune autre ne l'a égalée dans le soin qu'elle a pris de transmettre à la postérité leur Mémoire & sa reconnoissance. Elle leur érigea des Monumens de toute espece, & malgré ce qu'en ont détruit tant de révolutions & de siecles barbares, il en reste assez pour attester sa profusion à cet égard. En ceci l'excès même est raisonnable. Un grand Homme est un présent que le Ciel fait à la Terre : il est de notre devoir de lui accorder tout le culte que la Divinité ne s'est pas réservé pour elle.

Notre Nation qui, si elle eut existé la premiere, eut bien pu donner cet exemple au monde, s'efforce aujourd'hui d'imiter la Grece dans le tribut qu'elle paye aux talens & aux vertus qui l'ont servie & qui l'ont honorée ; & parmi ce qu'elle fait pour cela, on mettra toujours au premier rang les éloges dont l'Académie Françoife a fait l'objet de fes Prix ; qui , malgré ce qu'une Secte compofée de Therfites hypocrites fait d'efforts pour en dégrader le mérite , feront toujours regardés comme la plus noble récompenfe des fervices rendus à la Patrie. Vous avez , MONSIEUR , tellement fenti la valeur de cet hommage public & le danger de l'avilir en le prodiguant , que vous n'avez pas cru devoir vous en rapporter à la fageffe de l'Académie Françoife , & que non content de lui témoigner vos craintes fur les choix à faire , vous l'avez encore affez vertement reprife de celui qu'elle avoit fait dans la perfonne du Maréchal de Vauban.

On a fans doute applaudi à l'efprit, à la délicateffe de votre ingénieufe femonce ; on a fahs doute été de votre avis dans les raifons que vous apportez , d'être extrêmement difficile lorfqu'il s'agit d'accorder un pareil honneur ; mais je doute que l'on puiffe fe ranger à votre opinion dans l'application que vous en faites à Vauban.

Vauban eft , vous le favez , un des perfonnages du dernier fiecle , dont la réputation paroît fondée sur les titres les plus solides. De grands talens, de grands services unis à de grandes vertus, sembloient lui composer un mérite hors des atteintes de la plus sévere censure, & sa mémoire sembloit devoir aller à la postérité, sûre d'inspirer les mêmes sentimens qu'il avoit mérités de ses contemporains. C'est dans le moment où elle alloit recevoir le dernier Brevet qui lui assuroit tous ces avantages, que vous apprenez à cette postérité que l'homme qu'on va offrir à son admiration en est indigne ; qu'elle se garde bien de nous croire, que nous allons la tromper en lui donnant pour un grand Homme un personnage médiocre, dont le mérite obscur & borné n'a droit qu'à une gloire partielle & locale, & que s'il est digne d'un éloge public, c'est tout au plus dans une Académie de Province : renvoi humiliant qui pourroit bien même ne pas plaire à toutes les Académies de Province.

Je ne sais, MONSIEUR, si vous vous êtes flatté d'avoir beaucoup de partisans de votre opinion ; mais du moins avez-vous dû vous attendre à rencontrer une infinité d'Adverfaires. Je ne serois pas même étonné que dans la guerre

que vous venez de fufciter, vous ne vous trou-
vaffiez feul devotre parti, obligé de combattre comme *Horatius-Coclès*.

Je ne vous diffimulerai pas que votre exemple ne me paroiffe dangereux jufqu'à un cer-
tain point : il tend à ravir aux grands Hommes
le prix de leurs travaux ; il encourage ces
Ecrivains qui, pour afficher la fingularité &
l'importance, attaquent de grands noms, &
penfent de bonne foi fe mettre à la place de
ceux qui les ont portés, en invectivant leur
mémoire, & ceux, qui pour faire adopter
leurs opinions & leurs fyftêmes, cherchent à
dégrader les autorités refpectables qui pourroient nuire à leurs deffeins intéreffés. Je fuis
loin de vous accufer d'avoir eu de pareils motifs, & même de vous en foupçonner ; votre
erreur peut avoir fa fource dans l'idée exagérée
que vous vous êtes faite d'un grand homme ;
votre imagination lui a donné des proportions
un peu gigantefques, & Vauban ne paroiffant
pas s'élever à la hauteur de votre modele, vous
n'avez pas cru devoir réduire votre modele à la
hauteur de Vauban. Cette erreur vous eft ho-
norable; quand on afpire à la gloire, & qu'on

place son temple en si haut lieu, il est presque évident qu'on se sent les forces pour y atteindre.

J'imagine aussi que vous avez fait un partage des allégations, des imputations, des
charges, des reproches que vous avez à faire
à ce grand Homme, & sur-tout des preuves
de toutes ces choses là : que vous n'avez
d'abord mis en avant que ce que vous aviez
de plus foible ; que même vous vous êtes permis des contradictions, des pétitions de principes, des paralogismes, pour attirer au com-
bat des imprudens qui pourroient vous croire
foiblement armé, mais que vous gardez
comme un Corps de réserve les raisonnemens
logiques & concluans, les preuves incontesta-
bles, les conséquences lumineuses & triom-
phantes qui vous assureront la victoire. D'où
vous vient, me direz-vous, une pareille idée ?
Elle me vient (excusez ma franchise) de ce
que votre lettre ne me paroît pas remplir le
but que vous vous proposez, parce que je
crois qu'une aggression gratuite & réfléchie
devant toujours être victorieuse, vous ne vous
êtes pas engagé sans être sûr du succès, sans
quoi l'on pourroit dire que vous avez combattu

pour le feul plaifir de combattre ; femblable à ces caracteres inquiets qui cherchent querelle au premier venu fans motifs, & fans raifon. On ne pourra pas toujours vous accufer d'avoir choifi un foible Adverfaire ; c'eft à l'abri de fon nom que je vais, non pas vous combattre, mais difcuter avec vous l'opinion que vous avez prife & que vous avez voulu donner de fon mérite.

Je vous mettrai même d'abord fort à votre aife en vous déclarant que je ne fuis point militaire ; que par conféquent je n'entrerai point dans les queftions qui ne peuvent être réfolues fans la fcience de cet art. Je ne veux point que vous puiffiez me faire le reproche que vous faites à Fontenelle, & que je mériterois bien mieux que lui, d'avoir parlé de ce que je n'entendois pas. Vous affirmez que Vauban n'a rien inventé dans l'Art des Fortifications ; qu'il s'eft fervi des méthodes inventées avant lui ; qu'il n'en a pas fait un ufage plus avantageux pour la défenfe des places que ceux qui l'avoient précédé : je n'ai pas les connoiffances néceffaires pour réfuter ces affertions, je laiffe ce foin à ceux qui méditent fon éloge ;

mais si je vous accorde ces faits, je ne vous passerai pas les conséquences que vous en tirez, car si je n'entends rien à l'Art Militaire, je dois entendre quelque chose à la Logique, ou je serois un pauvre personnage de me mêler de raisonner.

La vie Militaire de Vauban est partagée en deux principales parties; je dis principales, parce qu'il s'en trouve quelques fractions employées à d'autres fonctions qui ne furent pas sans gloire pour lui. Il a fait des Sieges; il a fortifié des Places; il fut Guerrier; il fut Ingénieur. Voilà les deux premiers points précis d'où nous devons d'abord partir pour faire son éloge & sa critique. C'est d'après les loix qui dirigent l'un & l'autre; c'est d'après les regles qui constituent leur art que nous devons l'apprécier. Si nous avons perdu de vue ce principe, nous n'avons fait que de vains efforts, vous pour l'attaquer, moi pour le défendre. Si je le considere ensuite sous les rapports de l'Homme & du Citoyen, c'est que je prétends, & que je prouve, que les qualités qui sont propres à l'un & à l'autre, quand on les a possédées au degré de Vauban , relevent infiniment la gloire qu'on peut acquérir dans la Guerre & le Génie , & que quand vous feriez parvenu à prouver qu'il n'en auroit acquis aucune dans ces dernieres parties , il mériteroit encore l'honneur qu'on veut lui faire , & que vous auriez tort encore d'avoir écrit votre Lettre à l'Académie.

Ce qui paroît prouver bien clairement votre bonne foi dans l'aggreffion que vous faites à la mémoire de Vauban , ce font les aveux qui vous échappent en fa faveur , ils font tels qu'on ne conçoit pas comment , après vous les être permis , vous avez pu croire en pouvoir détruire l'impreffion. Il y a beaucoup de perfonnes qui , ménageres du temps & des écrits , fe contenteroient pour vous répondre de l'*habemus confitentem reum* de Ciceron. Si je ne les imite pas, c'eft qu'il y a beaucoup de Lecteurs qui , ayant reçu la vérité dans leur entendement, ne l'ont pas affez robufte pour réfifter aux efforts que fait l'erreur pour prendre fa place , & qui ont befoin qu'on leur fourniffe ce qu'il leur faut pour l'affujettir & la rendre inébranlable. J'efpere que le petit commentaire que je vais faire des principaux réfultats de votre texte remplira parfaitement ce but.

« *C'eft dans la partie de l'attaque des Places que M. le Maréchal de Vauban s'eft véritablement diftingué en ce genre. Il a fait plus que perfectionner, il a créé l'Art* ».

Je demande à mes Lecteurs quelle idée il leur refte de Vauban après la lecture de ce peu de paroles. Je crois qu'ils me répondront tous : l'idée d'un homme extraordinaire, d'un homme extrêmement rare, d'un homme de génie deftiné à faire époque dans les temps & les lieux où il a vécu, & dans l'Art qu'il a créé. Je leur demanderai encore s'ils ne penfent pas que quiconque s'eft montré Homme de Génie & Inventeur en quelque chofe que ce foit, a acquis un caractere & une gloire ineffaçable, quand même dans quelqu'autre partie de fes travaux il ne fe montreroit Inventeur ni Homme de Génie, & quand même il y commettroit de très-grandes fautes. Tout le monde me répond d'après l'expérience & le fens commun : l'univerfalité du Génie n'eft point faite pour l'homme : il n'y auroit pas encore un feul

nom

nom d'écrit dans les faſtes de la gloire, ſi l'on n'avoit voulu y enregiſtrer que ceux qui l'ont poſſédée ; de là vient que dans tous les genres on a réſervé les Places les plus brillantes pour ceux qui en ont ſeulement montré quelques étincelles, & quant aux fautes, on ſait que c'eſt le partage de l'humanité de faillir, & qu'un homme de génie n'en doit pas moins être diſtingué quoiqu'il reſſemble aux autres hommes par quelques endroits.

> « L'eſprit le plus profond s'éclipſe
> Et ne luit point d'un feu conſtant :
> Richelieu fit ſon teſtament
> Et Newton ſon Apocalypſe ».
>
> L. R. DE P.

J'ouvre l'hiſtoire, & des milliers d'exemples viennent me confirmer la juſteſſe de ces réponſes ſi ſimples & ſi vraies. Si je parcours les Sciences & les Arts ; j'en vois par-tout les Inventeurs honorés & couronnés, & je n'en vois pourtant aucun qui n'ait beaucoup laiſſé à faire après lui. Si je m'arrête plus particuliérement à l'Art de la Guerre, je vois tous ceux qui s'y ſont fait un nom

B

faire une multitude de fautes & n'en pas moins obtenir notre admiration & nos éloges, quand ils ont pour eux quelques actions d'éclat. Pourquoi voulez-vous donc introduire un nouvel ordre dans l'univers, une nouvelle maniere de juger, un nouveau tarif pour apprécier les grands hommes? Je veux bien que Vauban foit loué & admiré, me direz-vous; mais je veux que cette admiration & ceslouanges foient renfermées dans la circonférence de la Bourgogne, y compris le Nivernois, dans lequel il eft né. Quoi! Monsieur, vous voulez retenir dans les bornes d'une Province de France la renommée d'un homme qui a créé une des parties les plus eſſentielles d'un Art qu'on ne ceſſe d'exercer d'un bout du monde à l'autre. Ah! Monsieur, vous n'y parviendrez jamais, & j'oſerois même vous prédire que le premier Général Ruſſe, foit un Romanſow, foit un Soltikow, foit un Schowalow qui prendra Conſtantinople, lui fera élever par reconnoiſſance une Statue dans l'Hyppodrôme.

» *Si M. de Vauban eut ſu conſerver comme acquérir; ſi, ne ſachant qu'acquérir, il ne ſe fut pas chargé de conserver, sa gloire seroit pure.* »

C'est ici où il faut devenir tristement métaphysicien pour découvrir dans l'abus des termes le germe du sophisme par lequel vous prétendez séduire vos lecteurs, & qui vous a peut-être séduit vous-même. Pour que les idées que ces deux mots *acquérir & conserver* pussent être valablement mises en opposition, il faudroit que les effets que ces mots expriment fussent du même genre, ce qui n'est point. L'un pris dans le sens absolu est dans l'ordre des possibles, & l'autre n'y est pas; ce qui réduit la proposition à ceci : Si Vauban eut su faire l'impossible comme le possible, sa gloire seroit entiere : tous ceux qui connoissent la métaphysique du langage ne me contesteront pas cette analyse. Or il est impossible de construire une Place physiquement imprenable, qui seule peut remplir l'idée absolue du mot *conserver.* Donc pour que la gloire de Vauban fut entiere, vous exigez de lui une chose au-dessus des forces humaines. Et pourquoi, s'il vous plait, un aisonnement si faux, un raisonnement qui n'eft qu'une conféquence dont vous n'avez prouvé, ni même établi les prémiffes, uniquement pour prouver une chofe plus fauffe encore ? Vous voulez abfolument qu'il ne fuffife pas pour mériter de la gloire d'être inventeur & créateur dans une chofe ; mais qu'il faut encore l'être dans une autre ; & cet axiome nouveau, vous ne le prouvez ni par la raifon, ni par l'autorité, ni par l'exemple. *Sit pro ratione voluntas.* On accufe les Militaires de trop aimer le Defpotifme ; je le croirois à votre maniere de raifonner.

Il étoit naturel que vous fiffiez tous vos efforts pour déprimer l'Art de prendre les Places ; que vous le fubordonnaffiez à la fcience de les fortifier, puifque Vauban fi fupérieur dans le premier, vous paroit fi médiocre dans la derniere. L'humeur que vous avez prife contre lui doit s'étendre fur les chofes dont-il tire fa gloire. Elle a fans doute influé fur le rang que vous affignez à ces deux parties de l'Art Militaire. Quoiqu'il en foit, pour mieux appuyer votre décifion, vous appellez la politique à votre fecours, & vous cherchez auffi à y faire adhérer l'intérêt de la France. Vous pofez en fait que ce Royaume dans fon état actuel a plus befoin de conferver que de conquérir ; je le crois comme vous , car je fuis toujours du parti de la modération. Et vous en inférez que quiconque lui a fourni des moyens de défenfe, a plus de droit à fa gratitude que ceux à qui elle ne doit que des moyens d'attaque. Nous voici encore parfaitement d'accord; mais l'intelligence fe trouve rompue dès le premier pas que nous faifons en avant. Pourquoi ? parce que je fuis perfuadé que l'Art de prendre les Places, que vous renfermez dans les moyens d'attaque, entre auffi bien dans le fiftême de défenfe, & fur-tout d'un État tel que le nôtre. Pour le prouver, je fuppofe que la France fe trouve engagée dans une guerre, & que n'ayant aucune vue de conquête, elle fe borne à conferver les poffeffions, & à forcer fon ennemi de refter en paix. Je vous demande fi pour parvenir à ce but, il fût expédient pour elle de fe renfermer dans les Places, & d'attendre qu'on vint l'y attaquer. Je fuis perfuadé que fi vous êtes de bonne foi, vous me répondrez : qu'un Royaume tel que la France doit dans un pareil cas déployer toute l'étendue de ses Forces ; que dans la nécessité de faire la Guerre, il faut en porter le théâtre dans le pays ennemi, & que c'est là le cas où pour conserver son bien, il faut prendre celui d'autrui ; axiome affreux en morale, mais malheureusement légitime en Politique & en Guerre, qui sont les deux plus grands ennemis de la morale. La réponse que je vous fais faire ici est appuyée par un grand exemple. Dans la Guerre où le Roi de Prusse se trouva engagé en 1756, il est évident que se voyant attaqué par les trois Puissances les plus formidables de l'Europe, il ne put concevoir aucunes idées de conquête, & qu'il dût se renfermer entièrement dans un système défensif ; cependant, je ne le vois jamais chez lui. Forcé d'évacuer une Province ennemie, il fait une invasion dans une autre. Je le vois tantôt au pied de Prague & tantôt au pied d'Olmus, & l'échec qu'il reçut devant ces deux Places prouve démonstrativement de quelle importance est dans l'Art de la Guerre même

défenſive, celui qui, de votre aveu, ap-
partient tout entier à Vauban; & la France,
fut-elle devenue la Nation la plus modérée
& la moins ambitieuſe, lui devroit toujours
de la reconnoiſſance, parce que lorſque la
guerre eſt déclarée, pour ſe bien défendre
il faut bien attaquer, & qu'il en eſt de la
Taĉtique comme de L'Eſcrime, où celui
qui attaque a beaucoup d'avantage ſur celui
qui ne fait que ſe défendre. Vous me paroiſſez
avoir en trop grande eſtime l'Art de Fortifier
les Places. Les véritables Fortifications d'un
Royaume ſont dans le cœur des Habitans;
c'eſt l'honneur, c'eſt l'amour de la gloire,
c'eſt ſur-tout l'amour de la patrie, c'eſt la
ſubordination, c'eſt la diſcipline militaire,
c'eſt la confiance dans le Soldat, c'eſt l'habileté & le zele dans les Chefs, c'eſt leur exemple
quand ils en donnent de pareils à ceux de Vauban. Jamais des murailles ne tiendront lieu de
tout cela, & je vous dirai comme Bayard :

» Voilà d'autres Remparts dont vous ne parlez pas.

Du Belloi.

La bonne envie de prouver que dans la
Taĉtique la partie créée par Vauban eſt égale

au moins **en** mérite à quelqu'autre que ce foit, & l'influence qu'elle peut avoir fur la deftinée d'un État, m'engage à citer encore le Siege de Turin en 1706 ; d'autant plus volontiers que Vauban s'offrit à le diriger fous M. de la Feuillade, moins ancien Maréchal de France que lui, & qu'il fut refufé avec la hauteur & la préfomption de l'incapacité. Je veux le prendre, difoit la Feuillade, à la Cohorn. On fait comment il le prit.

Je fuppofe donc, qu'en fon lieu, c'eût été Vauban qui eut fait le Siege. La Place eut été mieux inveftie : Le Duc de Savoye n'auroit pu s'échapper : il eut été fait prifonnier de guerre ou il eut figné la neutralité : fes troupes n'auroient pas renforcé l'Armée d'Eugène : nous n'aurions pas été attaqués dans nos lignes : après la prife de la Ville, nous aurions marché à lui : fi nous l'avions battu, nous étions maîtres de l'Italie : fi nous l'avions été, notre retraite étoit affurée fous le canon de Turin, d'où nous l'aurions tenu en échec. Dans les deux cas, il étoit obligé de refter en Italie pour la reconquérir ou

la défendre. Les forces, & fur-tout les talents
d'Eugène & de Malborough ne fe feroient
jamais réunis dans les Pays-Bas : notre Armée pouvoit y reprendre la fupériorité. La
Paix pouvoit fe faire cinq ou fix ans plutôt :
nous n'aurions pas éprouvé les humiliations
de Gertrudenberg, ni les pertes d'Utrecht.
Tous ces événemens pouvoient très-proba-
blement découler de cette premiere caufe,
& je n'abufe pas du calcul des probabilités
en le fuppofant.

Après avoir confidéré Vauban comme
inventeur & créateur de l'Art d'affiéger
les Villes & de les prendre, il faut que je
l'envifage un moment comme Guerrier &
Général. Il a fait plus de cinquante Sieges,
dont chacun a été couronné du fuccès le
plus complet. Je fais qu'il y a des Sieges qui
pour réuffir demandent dans celui qui les
conduit autant d'intelligence & de capacité
que pour diriger une Campagne, pour ranger une Armée en bataille & remporter une
Victoire. Cependant, ce n'eft point d'après
cette proportion que je veux eftimer les
exploits & la gloire de Vauban. Je ferai

donc équivaloir dix Sieges à une Bataille ,
& dix Villes prifes à une Victoire. Je n'ai
dans cette appréciation que le fens commun
pour me diriger ; mais il fuffit pour me démontrer que je ne ménage pas trop les
avantages de mon Héros. Je vois que l'antiquité a baucoup eftimé la Guerre de Siege ;
qu'elle a diftingué un de fes Guerriers très-
fameux en lui donnant un nom tiré de fon
habileté dans l'Art de prendre les Villes ,
quoiqu'il fût loin d'en avoir pris cinquante.
Je rappelle ici ce Démétrius Poliorcète d'autant plus volontiers qu'il a avec Vauban une
autre conformité , celle d'avoir beaucoup
eftimé les beaux Arts , & qu'il n'eft guere
moins célebre pour avoir refpecté l'attelier
de Protogène, pendant le Siege de Rhodes ,
que pour avoir pris cette Ville. Je pourrois
en citer beaucoup d'autres anciens & mo-
dernes , qui n'ont dû leur célébrité qu'à ce
genre d'exploits, ainfi je ne crains donc pas
d'être repris en élevant ceux du Poliorcète
François à la valeur de cinq Victoires com-

(*) Poliorcète , preneur de Villes.

plettes. Je vous demande qu'elle eft la Nation qui, devant cinq Victoires à un de fes Généraux, croiroit trop le récompenfer en faifant faire fon éloge, fût-ce même par fa premiere Académie. Je vous demande auffi combien il y a de Généraux, même des plus fameux, qui ayent cinq titres pareils pour un éloge. La main fur la confcience, MONSIEUR; fi vous aviez pris cinquante Villes, ou que vous euffiez gagné cinq Batailles (cette demande peut fe faire à un Militaire) & que la Nation, comme cela fe pratique quelques fois pour les hommes extraordinaires, vous érigeât une ftatue de votre vivant, & que l'Académie Françoife ordonnât votre éloge, briferiez-vous le marbre chargé de tranfmettre votre image à la Poftérité, & diriez-vous à cette Académie qu'elle ne fait ce qu'elle fait ; qu'elle doit fe repofer du foin de vous faire louer fur l'Académie de Soiffons, de Montauban ou de la Rochelle, parce que, dans d'autres circonftances, il vous feroit arrivé de commettre quelques bévues ? Prenez bien votre temps, MONSIEUR, pour me répondre.

C'eſt un mal que la précipitation dans nos jugemens nous conduiſe à déprimer le mérite d'un grand'homme ; mais c'en eſt un très-grand qu'elle nous porte juſqu'à attaquer la probité & la mémoire d'un homme vertueux. Vous accuſez Vauban d'avoir ſouillé ſa gloire ; vous lui imputez, non ſeulement d'être un ignorant, mais encore de l'être de mauvaiſe foi : vous lui reprochez de n'avoir rien entendu aux Fortifications, d'avoir connu qu'il n'y entendoit rien, & d'avoir toujours fortifié à bon compte. Il eſt vrai que vous ne donnez pas la plus petite preuve de tout cela ; ce qui me feroit croire que c'eſt une choſe univerſellement reconnue, ſi je ne vous trouvois de toutes parts des contradiĉteurs. Si j'ouvre les Livres qui traitent de cet Art, ou les Mémoires Militaires ; je trouve dans ceux qui me tombent ſous les mains le plus grand reſpeĉt pour le nom de Vauban : ſi je parcours le Royaume, je vois encore les mêmes Fortifications qu'il a fait conſtruire : & je me dis ; l'Adminiſtration n'a donc pas une ſi mauvaiſe idée de ſes ouvrages & de leur inſuffiſance, car

infailliblement elle ne les laifferoit pas fub-
fifter. Or fi dans ce temps-ci, où l'expérience & les découvertes qu'on a pu faire
depuis Vauban dans l'Art de Fortifier ont
dû éclairer tout le monde, le Gouvernement,
ainfi que beaucoup de connoiffeurs & gens
du métier, les trouvent du moins paffables;
il n'eft pas étonnant que Vauban en ait eu
innocemment la même idée, dans un temps
où l'on ne connoiffoit rien de mieux. Il a
donc pu croire, il eft même évident qu'il
a cru que les moyens qu'il employoit étoient
les meilleurs pour remplir le but qu'il fe
propofoit. Si de fon temps il y avoit eu
différentes méthodes bien connues, & que par
entêtement, par vanité, par jaloufie, il eût
préféré ou fait préférer les fiennes, quoique
les moins bonnes, ah! c'eft alors que vos
reproches feroient légitimes; mais on n'apperçoit pas la plus petite trace qui induife
à une pareille préfomption. Que Vauban
n'ait rien inventé? foit. Qu'il fe foit fervi
des méthodes inventées avant lui, & employées par M. M. De Pagan & de Ville!
foit. Qu'il n'ait pas été fupérieur en cette

partie aux autres Ingénieurs de fon temps! foit. Mais s'il n'a pas fait mieux, il n'a pas fait plus mal. Les Places qu'il a conftruites ne l'auroient pas mieux été par d'autres. Il lui refte toujours le mérite du travail. » Mais il a employé des Baftions que je n'aime pas, & qui font une efpece d'ouvrages qui défendent fort mal une Place ». c'eft qu'il n'avoit pas autre chofe à mettre à la place des Baftions. Il a fait comme les Médecins qui, quand ils n'ont pas de remedes curatifs, en donnent de palliatifs. ferez-vous un crime à ceux du quatorzieme & quinzieme fiecles de n'avoir pas adminiftré à leurs malades attaqués de fievres intermittentes le quinquina, qui ne fut découvert que dans le feizieme? » Mais, s'il n'avoit pas rien de meilleur, il falloit qu'il inventât quelque chofe. » Et voilà enfin où vous a conduit la férie de vos raifonne- mens, à lui faire un crime de n'avoir pas paffé les bornes que la Nature avoit mife à fon génie.

La facilité que vous avez trouvée à Vau- ban pour fe rendre maître des Places qu'il avoit conftruites lui même fortifie encore vos préjugés contre lui & contre fes travaux. Je la trouve cependant très-naturelle. Vous connoiffez le nœud gordien ? Qui penfez-vous avoir été plus propre à le délier ? Celui qui l'avoit tiffu, fans doute ; mais vous n'auriez pas été en droit de lui dire pour cela que fon nœud n'étoit pas artifte-ment fait. Il en eft de même de Vauban. Il devoit connoître mieux que perfonne le fort & le foible de fes fortifications ; les avantages & les inconvéniens du local fur lequel elles étoient affifes ; & ces connoif-fances compenfoient, pour en triompher, les moyens de réfiftance qu'elles tenoient de leur conftruction & de leur dipofition. Si vous n'avez pas été conduit à cette folution, c'eft que vous avez toujours fuppofé l'impoffible, c'eft que vous avez toujours fuppofé qu'il devoit conftruire des Places imprénables.

Piqué de votre antipathie pour Vauban, & de votre obftination à trouver fi petit un homme que je trouve fi grand, je ferois quafi tenté d'oublier la parole que je vous ai donnée de m'en rapporter à vous fur fon

savoir & son mérite dans l'Art des Fortifications. Comment se peut-il, vous dirois-je,
que dans deux parties qui ont autant de
rapport ensemble, que l'attaque des Places
& la maniere de les fortifier, le même
homme se trouve si différent de lui-même?
Que dans l'une il se montre homme de génie
& créateur; que dans l'autre il ne sache
pas même faire un bon usage des choses
créées & inventées avant lui? Lumineux &
fécond dans celle-là, stérile & borné dans
celle-ci? Au-dessus de tous ceux qui l'ont
précédé & suivi dans la premiere, & fort
au-dessous dans la seconde? Peut-on jamais
croire à un génie aussi intermittent? Il faut
que la prévention qui est la mere des pres-
tiges, & qui paroit vous obséder quand il
est question de Vauban, vous ait dérobé
ses vrais ouvrages pour en substituer de
fantastiques, & que vous n'ayez combattu
que des chimeres. Elle est bien capable d'a-
voir joué ce tour à vos yeux, puisqu'elle
a fait à votre Esprit, quelque bon qu'il soit,
celui de l'égarer dans ses principes & dans
ses raisonnemens. Voilà ce que je vous dirois,

&

& bien d'autres chofes encore, fi je n'avois promis de ne pas vous les dire.

Si je vous en crois, Vauban a exercé un empire bien univerfel dans le Royaume. Il a été tout à la fois Miniftre & Souverain. Jamais les Maires du Palais n'ont poffédé un pouvoir plus abfolu que ce Commiffaire Général des Fortifications. Il devoit avoir fubjugué la hauteur naturelle du Monarque & le caractere impérieux & defpotique du Miniftre ; & celui-ci, qui avoit prétendu maîtrifer & diriger les plus grands Généraux & les premieres têtes de l'État, devoit recevoir humblement la loi d'un Officier du Génie. Il faut néceffairement fuppofer cette autorité & cet afcendant pour charger fa mémoire du poids de trois cent Places inutilement conftruites ; car fuivant l'ordre commun des chofes dans ces circonftances, le Roi, fon Confeil ou fon Miniftre auroient dû décider de l'utilité & de la néceffité de conftruire telle ou telle Place ; l'ordre en auroit dû être envoyé à l'Ingénieur ; il auroit fait fes Plans, qui après avoir paffés au Miniftre pour être approuvés lui auroient

C

été renvoyés pour être mis à exécution. Dans cette marche, vous fentez bien qu'il ne refte plus à fa charge que le vice de conftruction; encore le partageroit-il avec le Confeil de Guerre qui auroit approuvé les plans : mais pour ce qu'elle pouvoit avoir d'inutile & de dangereux, fa confcience en devoit être bien nette. Chaque homme n'a-t-il pas affez de fon iniquité ? Pourquoi raffembler fur la tête d'un feul celle de tant d'autres ? La difpofition où vous êtes de trouver tout ce qu'à fait Vauban nuifible ou funefte à la France, ou vous fait imaginer des fautes qui n'exiftent point, ou abfoudre ceux qui les ont commifes pour l'en rendre refponfable, & faire paffer votre façon de voir dans les autres, vous vous permettez toutes les pétitions de principes que je vous ai reprochées tantôt. C'eft un Ingénieur que vous examinez ; vous le jugez d'après les regles de la politique & de l'adminiftration : que dis-je ? même d'après celles de la prophétie, car vous lui reprochez de n'avoir pas vu tous les futurs contingens ; de n'avoir pas prévu que par la révolution des événemens les Places qu'il conſtruiſoit tomberoient au pouvoir de l'ennemi & retourneroient à leurs anciens maîtres. Si c'etoit un homme fameux dans la politique, on pourroit vous excuſer d'agir ainſi, parce qu'on prétend que ces gens-là doivent poſſéder une eſpece de divination, & qu'il eſt néceſſaire qu'ils ſoient des demi-prophêtes. Dieu me préſerve de tomber entre les mains d'un Juge auſſi prévenu que vous l'êtes dans cette cauſe.

Paſſons au reproche le plus grave, à celui qui, s'il étoit fondé, juſtifieroit pleinement votre inſurrection contre Vauban. Vous lui imputez d'avoir employé quatorze cent millions à Fortifier trois cent Places qui, non-ſeulement ont été inutiles, mais même funeſtes à la France. On eſt d'abord épouvanté d'une pareille diſſipation de finance, & quand on ſonge à ce qu'une pareille ſomme a dû couter de peines & de larmes au Peuple qui l'a payée, on eſt prêt de déteſter celui qui en fit un ſi malheureux emploi. Mais enfin, la bonne renommée de l'accuſé fait naître des doutes; toutes ces Places ont-elles été réellement inutiles, ſe dit-on?

Est-il bien vrai que Strasbourg , Lille , Dunkerque ayent été sans utilité réelle dans les Guerres que la France a eues à soutenir? Il sembleroit pourtant que c'est à l'état respectable où il a mis Strasbourg que l'Alsace doit avoir été préservée de toute invasion , car dans la Guerre de la succession , la fertilité de cette Province devoit nécessairement attirer les armes de l'ennemi de ce côté-la , sur-tout après que Landaw fut tombé en son pouvoir. Lille fut-elle inutile dans la même Guerre en arrêtant pendant cinq mois l'Armée des Confédérés, qui sans cette barriere auroient infailliblement pénétré dans le cœur de la France? Et quand elle fut prise , on sait bien que ce n'est pas à la maniere dont elle étoit Fortifiée qu'on imputa sa perte. Quant à Dunkerque, je croirois volontiers que l'acharnement des Anglois à demander la destruction de son Port & de ses Fortifications , chef-d'œuvre de Vauban , dit-on , prouveroit plutôt la bonne màniere dont le Port a été construit & dont la Ville à été fortifiée , que leurs imperfections , & l'on ne doit pas s'en prendre à lui de ce que la France fut

obligée de la détruire de fes propres mains.
Je ne parle que de ces trois là ; j'en pourrois
citer bien d'autres. C'eft ainfi que l'on revient
peu à peu de l'impreffion qu'on avoit reçue.
Parmi les inutilités injuftement reprochées,
on en apperçoit encore beaucoup que l'on ne
peut mettre fur le compte de perfonne. Les
differents traités de paix avançoient ou recu-
loient les limites du Royaume felon les bons
ou mauvais fuccès des Guerres qui les
avoient précédées, & c'eft par cette tranf-
pofition que certaines Places font devenues
inutiles, ou même funeftes, par la néceffité
de les céder à l'ennemi. Vous vous arrêterez
à la fin, allez-vous me dire ; vous avez un
peu affoibli mon accufation ; mais vous ne
l'avez pas détruite. De mes trois cent Forte-
reffes, vous m'en avez enlevé quelques-unes ;
mais il m'en refte encore plus qu'il n'en faut
pour arrêter tout court, vous & celui que
vous défendez. Eh! mon Dieu, point du tout:
ce n'eft même pas Vauban que je défends
dans ce moment-ci. Je vous l'ai déjà dit,
pour qu'on put mettre avec quelque apparence de juftice fur le compte de Vauban

cette prodigalité des Finances employées à des ouvrages superflus, il faudroit démontrer son influence dans les résolutions du Conseil qui les a ordonnées ; il faudroit prouver qu'il étoit dans cette partie l'ame de l'Administration, comme il en étoit le bras, & que l'Ingénieur dirigeoit le Ministre : mais ce n'est guère que dans les dernieres années de sa vie, lorsque de longs services, l'expérience qu'on avoit faite de ses grands talens & de ses grandes vues, la dignité de Maréchal de France, l'eurent rendu assez recommandable pour l'approcher du Roi, qu'on pût le consulter sur les résolutions du Ministere. Presque tous ces ouvrages étoient faits alors ; c'est sous le Ministere de Louvois qu'ils avoient été exécutés. Ainsi, quand Vauban n'auroit pas existé, les quatorze cent millions auroient été employés & perdus, puisque vous voulez absolument qu'ils l'ayent été, & à coup-sûr, bien plus sûrement perdus. J'ai nommé le vrai coupable, s'il y en a un ; c'est M de Louvois à qui cette profusion peut être raisonnablement imputée. Il étoit charmé de multi-

plier les branches de fon département , &
d'y pouvoir enfévelir par des travaux, utiles
en apparence , des fommes qui contrarioient
les projets des Colbert fes riveaux. Triom-
phe plus agréable à fes yeux que s'il eut été
remporté fur les ennemis de l'Etat. Au refte ,
il n'étoit point l'inventeur de cette manœu-
vre de Cour , & malheureufement il aura
bien des imitateurs.

Détracteur des talens & du génie de Vauban , vous femblez du moins jufqu'ici faire
grace à fes vertus ; mais comme la confidéra-
tion que vous en avez prife n'a point changé
ni modifié votre façon de penfer à fon égard ,
on eft en droit d'en conclure , ou que vous
prifez affez peu la vertu en elle - même , ou
que celle de Vauban ne vous a pas paru
affez éminente pour adoucir la rigueur de
votre jugement fur lui. Quand je dis que
vous prifez peu la vertu , j'entends que vous
la bornez à l'eftime obfcure des témoins fous
les yeux de qui on l'exerce , & fa renommée ,
à la durée de celui qui la pratique ; & que
vous ne la croyez pas digne de recevoir de
la Patrie les hommages & les tributs réfervés

à ces dons brillans, à ces qualités tranfcen-
dantes, à ces actions d'éclat qui font la
fortune des États. Les Peuples anciens ne
me paroiffent pas avoir penfé ainfi. Ariftide,
Socrate, les deux Caton, n'étoient précifé-
ment que des gens vertueux, & cependant
l'antiquité n'a guère de plus beaux noms.
Ariftide, il eft vrai, fut à la tête de fa Ré-
publique ; mais l'idée de fes vertus prévaut
tellement fur fes qualités, que c'eft toujours
la premiere que fon nom réveille, & qu'on
ne le prononce guère fans y joindre l'epi-
thete qui le caractérife. Socrate ne fut ni
Archoute, ni Général d'armée, il ne négocia
point ; il ne monta point à la tribune aux
harangues ; il n'éxerça enfin aucun office
public ; car on ne voudra point regarder
comme tel le foin qu'il fe donnoit de fe
moquer des Sophiftes de fon temps ; cependant aucun des perfonnages, qui ont rempli
tous ces emplois, même avec gloire, n'a
recueilli plus d'éloges & de refpects que Socrate. Il en eft de même des deux Caton. Les
talens militaires, qui devoient être le premier
mérite chez une Nation toute guerriere,

paffoient

paſſoient pour être très-médiocres, chez le dernier ſur-tout; il étoit encore plus mauvais politique; il étoit plus entouſiaſte de la liberté que capable de la maintenir, ou de la rappeller; il étoit de plus très-opiniâtre: mais telle eſt la grandeur du caractere, que l'amour & la pratique de la vertu pouſſés juſqu'à l'héroiſme peuvent imprimer, que Caton va de niveau avec Céſar ſon vainqueur, quoique celui-ci l'éclipſa par tant d'endroits. Qu'on ne diſe point que c'eſt au coup de poignard qui termina ſa vie qu'il doit ſa réputation, car beaucoup d'autres mourûrent comme lui pour la même cauſe, dont on a oublié & la vie & la mort.

Pour me rapprocher davantage de notre ſiecle & de nos mœurs, & pour pouvoir tirer des conſéquences plus directes en faveur du héros que je défends, je vous citerai le Duc de Montauſier. Ni la guerre, ni la politique, ni l'adminiſtration ne le réclament. Il ne s'éleva point au-deſſus des hommes ordinaires dans ces choſes-là; mais il offrit à la Cour le ſpectacle d'une vertu toujours conſ-

tante & incorruptible, qui refpira cet air em-
poifonné fans en être jamais altérée; & la
Nation a cru devoir récompenfer ce grand
phénomene moral comme les actions les plus
brillantes & les talens les plus fublimes.

Eh bien, MONSIEUR, ce que Montaufier
fut à la Cour, Vauban l'a été dans les Camps,
& quiconque connoîtra bien l'un & l'autre
féjour, aura de la peine à décider lequel eft
le plus dangereux pour la vertu : pourquoi
refuferions-nous donc à celui-ci ce que nous
avons accordé à 'autre? La vertu de Vauban
eft même plus attrayante que celle de Montaufier, dont le caractere rigide tendoit à la
mifanthropie, tandis que le caractere de
Vauban le portoit dans l'extrêmité oppofée.
C'eft cet amour de l'humanité qui ne l'aban-
donna jamais dans les fonctions d'un métier
qui ne femble être fait que pour la détruire
qui parle bien haut en fa faveur. Pour qui les
hommes garderont-ils donc leur fouvenir &
leur amour, fi ce n'eft pour ceux qui les
ont aimés & qui fe font conftamment occu-
pés de leur bonheur?

Avez-vous bien fongé de quel modele vous

alliez priver les Guerriers, en condamnant la mémoire de Vauban à l'obfcurité & à l'oubli? S'il s'en trouvoit encore quelques-uns qui n'ayant des devoirs de leur état qu'une fauffe idée, & s'en exagérant les privileges, oubliaffent qu'ils font faits pour défendre leurs Concitoyens & non pour les opprimer; cruffent qu'il eft beau de fe faire craindre par la turbulence & le mépris de l'Ordre; s'abufaffent jufqu'à croire que le refte des hommes eft fait pour effuyer leur hauteur & leurs caprices; peut-être qu'en lifant l'Eloge de Vauban ils feroient rappellés à la modération & à la douceur des procédés, en voyant combien un tel homme étoit doux & humain, & combien fa gloire eft augmentée pour avoir réuni au mérite d'un grand Guerrier la qualité d'excellent Citoyen.

La jaloufie du commandement pourroit fe gliffer quelquefois dans le cœur des Chefs de nos Armées; elle pourroit leur dérober l'image de la Patrie pour ne leur laiffer appercevoir que celle de leurs rivaux & de leurs concurrens; elle pourroit les aveugler au point de leur faire trouver un plaifir funefte à

faire échouer des opérations dont ils n'espére-
roient pas de retirer toute la gloire. Où trouver un meilleur remede à cette dangereuse
maladie que l'exemple de Vauban; de cet
homme qui craignoit de recevoir le bâton de
Maréchal de France, parce que cette dignité
alloit l'empêcher de servir sous des Généraux moins avancés en grade que lui. Que
dis-je? Elle ne l'en eut point empêché. On
a déjà dit qu'il avoit voulu aller servir au
siege de Turin, sous le Maréchal de la Feuillade, & renouveller un acte de patriotisme
admiré dans les Thémistocles & dans les Sci-
pions; ne se pourroit-il pas que ce trait pré-
senté avec le charme de l'éloquence enflam-
mât quelqu'un de nos Guerriers, & lui don-
nât le desir de l'imiter ? Ah ! MONSIEUR,
si vous aviez songé à cette possibilité, vous
auriez brûlé votre Lettre.

Il est un vice encore plus dangereux parce
qu'il est plus universel, qui se glisse dans
toutes les conditions comme dans tous les
états; qui semble d'abord par sa bassesse in-
compatible avec l'amour de la gloire, &
qui pourtant vit quelquefois dans le même

cœur à côté de lui , & réuſſit preſque tou-
toujours à l'en chaſſer ; paſſion qui eſt toujours fomentée par toutes les autres , parce
qu'elles ont beſoin d'elle pour ſe ſatisfaire :
le vil amour de l'or enfin. Quel vaſte champ
à moiſſonner s'offroit à Vauban , s'il avoit
eu l'ame cupide ! Les ſommes immenſes employées aux ouvrages qu'il dirigea étoient une
ſource abondante qui l'invitoit ſans ceſſe à
y puiſer ; mais la fortune qu'il a laiſſée à ſa
mort eſt une preuve bien déciſive qu'il a
mérité la couronne qu'Horace décerne à
celui qui peut paſſer auprès d'un tréſor ſans
porter deſſus un œil d'envie*. Mais, me dira-
t-on , ces ſommes ne lui paſſoient pas par les
mains. Ah ! s'il avoit voulu , il auroit bien
trouvé un canal pour les faire refluer juſqu'à
lui. Ne connoiſſoit-on pas de ſon temps cette

(*) . . . Regnum & diadema tutum

Deferens uni , propriamque laurum ;

Quiſquis ingentes oculo irretorto

Spectat aſſervos.

HORACE.

confédération fecrette qu'on fait avoir exifté quelquefois entre tous les coopérateurs des grands travaux payés aux frais de l'état, dont le réfultat eft toujours un butin confidérable qui fe partage fuivant les grades & les rangs ; dans lequel partage les Subalternes ont ordinairement foin de ménager la pudeur de leurs Supérieurs & de fe charger de ce que cette manipulation peut avoir d'odieux. N'auroit-on trouvé cet utile fecret que de nos jours ? Pour moi, je crois les découvertes de la cupidité beaucoup plus anciennes.

Vous avez rendu en cette occafion une juftice éclatante à Vauban. Vous êtes convenu *qu'il avoit fu établir l'ordre & l'économie dans tous les travaux dont il avoit eu la direction, avantage*, affurez-vous, *d'autant plus grand qu'il a toujours fubfifté depuis.*

Avez-vous fenti combien cet ordre & cette économie follicitent la reconnoiffance de la génération actuelle ? Chacun ne peut-il pas vous dire, après l'aveu que vous venez de faire : vous l'accufiez d'avoir accablé la Nation de quatorze cent millions de dettes, & vous me démontrez au contraire que c'eft à lui qu'elle doit de n'être pas chargée de trois à quatre cent millions de plus.

Si le vil amour de l'or n'effleura jamais l'ame noble & défintéreffée de Vauban , on pourroit croire que l'ambition avoit tourné toute fon activité du côté des places & des honneurs. Mais celui qui chercheroit en lui l'endroit foible de l'homme, le trouveroit encore cuiraffé de ce côté là. Il ne les dédaigna pas ; mais il les attendit fans impatience & fans humeur ; ils arriverent toujours affez vîte : il les reçut plutôt comme un engagement qu'il contractoit que comme une dette qu'on lui payoit ; & ce qui attefte fa fincérité à cet égard, c'eft que quand il fut parvenu auffi haut qu'il pouvoit monter, il travailla pour l'Etat avec le même zele que s'il n'eut fait que commencer fa carriere , & que fa fortune reftât encore à faire.

Que je defirerois bien que cette partie de l'éloge de Vauban pût être méditée, par ces clabaudeurs éternels qui fatiguent tout le monde du récit de leurs minces fervices & des ingratitudes de l'Etat ; qui ridiculement jaloux des avantages des autres conditions, fur-tout quand ils font pécuniaires, annoncent qu'ils ne fentent pas la nobleffe de la leur ; qui, oubliant qu'un Gentil-homme faifant partie d'un Corps que la Patrie a dif-tingué de toutes les manieres & comblé de toutes fes faveurs, ils ont reçu des avances qu'ils pourroient à peine acquitter en verfant tout leur fang pour elle.

Quelle étendue je donnerois à cette énu-mération fi je voulois égaler le nombre de mes tableaux à celui des vertus de Vauban ! Il n'en eft aucune qui ne demande à fon tour de plaider fa caufe. Il a poffédé toutes celles qui rendent un homme recommandable, dans tous les rangs qu'il a parcourus, & c'eft fur leurs aîles qu'il s'eft élevé du grade de Lieutenant à celui de Maréchal de France. Le bien public dont il s'eft conftamment oc-cupé, même dans les parties qui font étran-geres à l'art de la Guerre, démontre évi-demment qu'il poffédoit toutes celles qui qui font les grands Adminiftrateurs, & qu'il eût été un grand homme dans cette partie, fupérieure à toutes les autres, parce que ne lui fuppofant même que la fomme des talens

&

& des lumieres à laquelle vous l'avez ref-
treint, ces lumieres & ces talens employés
par l'amour du bien public, qui eft le plus
grand metteur en œuvre, auroient produit
les plus heureux effets, & je pourrois ainfi,
en concluant de l'un à l'autre, vous montrer qu'il eut été aufſi grand Homme
d'état que grand Guerrier. Mais ai-je befoin
d'aller chercher ce qu'il auroit pu être, & ne
me fuffit-il pas de ce qu'il a été? Ne me
fuffit-il pas que les vertus de l'homme public & celles de l'homme privé, lui ont
mis fur la tête une double couronne, dont
la fingularité ou les préjugés pourront bien
méconnoître le prix, mais qu'ils ne lui ar-
racheront jamais.

Cette double couronne ne paroît pas beaucoup vous en impofer, à la vérité, & vous
la traitez avec un dédain bien marqué.
« Quant à fon zele patriotique, dites-vous à ;
fon attachemant pour fon Roi ; à cet amour du
bien public qu'on trouve en effet dans fa con-
duite & dans fes ouvrages ; ce feroit faire in-
jure à la Nation Françoife que de fuppofer ces
qualités affez rares pour mériter à celui qui n'au-

*roit point d'autre titre , l'honneur que l'Acadé-
mie annonce être dû à M. de Vauban* ».

J'eftime ma Nation autant que vous, Monsieur , & malgré les défauts qu'on peut lui
reprocher , je fuis intimement perfuadé qu'il
n'eft aucune Nation ancienne ni moderne
qu'elle ne foit fufceptible d'égaler dans tous
les genres de mérite ; mais je fuis loin de
faire , de la plupart des François, autant de
Héros, pour ravir à la France la gloire d'avoir
produit un héros. On fait le mot de Louis
XIV ; *j'ai cherché des amis , je n'ai trouvé
que des intriguans.* Le zele patriotique ; l'at-
tachement pour fon Roi , n'étoient donc pas
du temps de Vauban , des qualités affez
communes parmi les premieres perfonnes de
l'Etat pour ne pas mériter d'être remarquées.
Cette difette qui régnoit à la Cour s'étendoit
de ce centre à la circonférence ; croyez-moi ,
les véritables Patriotes font par tout , dans
les Monarchies & même dans les Républi-
ques , le petit nombre, & par-tout auffi ,
ceux qui en ont eu le véritable caractere ont
toujours été confidérés comme les plus grands
Citoyens. Il eft clair que fi le patriotifme

reste oisif & concentré dans le cœur de celui qui en est animé, la Patrie ne peut pas aller l'y déterrer pour lui ériger un trophée civique. Il n'y a donc que ceux qui se trouvent placés par la fortune dans une sphere favorable à en faire recueillir le fruit à leur Nation, qui ont droit d'en attendre cette récompense. Si jamais personne fut dans ce cas, c'est je crois l'homme que vous en prétendez exclure; un homme qui a consacré cinquante ans de sa vie dans des travaux dont l'immensité surprend, & dont la moitié s'est écoulée sous le feu du canon, où il falloit que les fatigues de l'esprit le disputâssent à celles du corps; un homme qui, pour rappeller ici la récapitulation qu'en a fait Fontenelle, *a fait cinquante-trois Sieges, qui s'est trouvé à cent quarante actions, dont la plupart ont été très-meurtrieres; un homme qui a fait fortifier 333 Places; un homme qui, de votre aveu, à crée l'Art de les attaquer, à qui l'on doit des méthodes assez certaines, non-seulement pour assurer le succès des Sieges, mais encore pour en calculer la durée; un homme qui a su économiser le temps & les hommes,*

& les hommes, MONSIEUR ! *à qui Louis XIV*
& fon Siecle doivent ces Conquêtes brillantes &
rapides qui ont fait leur gloire ; un homme
qui fut doux , humain , toujours occupé de
projets pour le bien public ; très-bon fujet ,
excellent Citoyen ; cet homme par la plus
inconcevable conféquence qui ait jamais été
tirée d'aucun principe , ne vous paroît pas
mériter d'être diftingué de la foule des
hommes ordinaires , & vous croiriez pro-
faner les honneurs & les récompenfes defti-
nées aux grandes vertus & aux grands taensl ,
que de les lui décerner. Ah ! MONSIEUR ,
fi vous fermez votre élifée à un pareil per-
fonnage , de quels êtres prétendez-vous donc
le peupler ?

Voilà Vauban bien lavé des taches que
vous avez cru ou feint d'appercevoir dans
fa vie. Il réfulte auffi , je crois , de ma dif-
cuffion fur la partie de fes talens que j'ai
pu foumettre à mon examen , qu'il étoit
Inventeur & Homme de Génie ; qu'il a poffédé toutes les qualités qui font les grands
Militaires & les excellens Citoyens ; que
toute fa vie a été employée à fervir fa Patrie ;

que nul autre ne l'a égalé dans le nombre de fes travaux ; qu'il a infiniment contribué au fuccès des Armées Françoifes , & à la gloire de leur Monarque ; qu'en conféquence il eft digne de toute la reconnoiffance de fa Patrie , & de la vénération de la poftérité. Je crois avoir démontré tout cela jufqu'à l'évidence, & fi ne fuis-je qu'un enfant perdu , armé bien à la légere , qui efcarmouche en avant de l'Armée. Que fera-ce , quand le corps de bataille viendra fondre fur vous avec la groffe Artillerie ? Vous ferez , je crois , forcé de convenir que vous n'avez voulu , en fufcitant ce Procès à la mémoire de Vau-ban , que jouer le rôle de ce contradicteur (1) d'étiquette toujours admis dans des caufes d'un ordre infiniment plus relevé , & où il s'agit d'une gloire bien au-deffus de la gloire de ce monde , & qui , par fes allégations & fes objections, ne fait que mettre dans un plus beau jour les vertus du Héros dont on médite l'apothéofe.

____

(1) Le Contradicteur eft appellé dans les Caufes de Canonifation , l'*Avocat du Diable*.

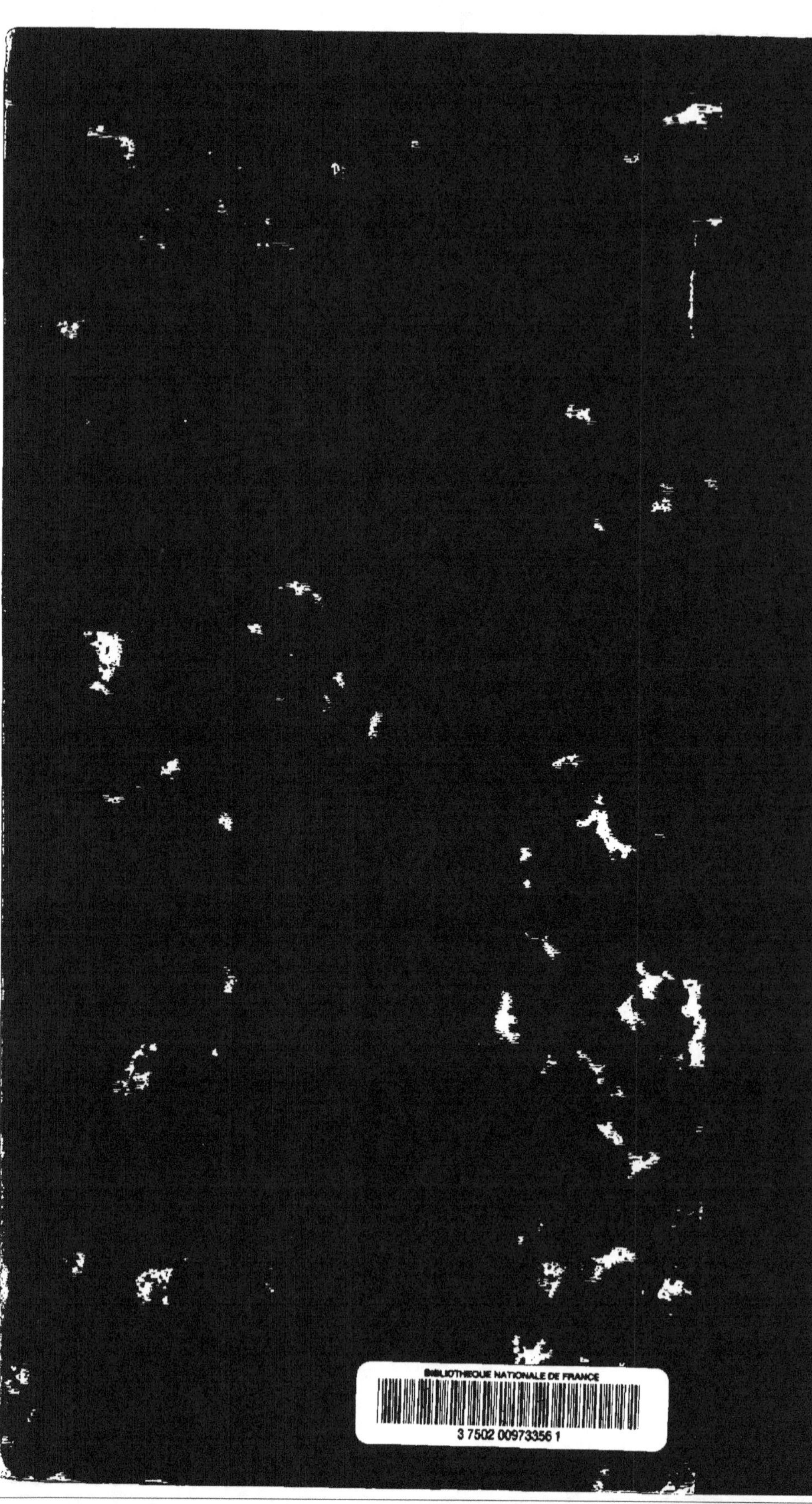